EXAMEN IMPARTIAL

DE L'ACTE ADDITIONNEL

du 22 avril 1815,

AUX

CONSTITUTIONS DE L'EMPIRE.

PARIS.

A LA LIBRAIRIE D'ÉDUCATION

D'ALEXIS EYMERY, rue Mazarine, n° 30.

1815.

EXAMEN IMPARTIAL

DE L'ACTE ADDITIONNEL

du 22 avril 1815,

AUX

CONSTITUTIONS DE L'EMPIRE.

Depuis long-temps les publicistes écrivent sur les droits politiques des Nations; plusieurs se sont livrés à des idées abstraites et métaphysiques qui n'ont jeté qu'une faible lumière sur cette importante matière. Les intérêts des peuples doivent se traiter avec la même logique que les intérêts des individus : il faut de la liaison et de l'enchaînement dans les idées, il faut de la justesse dans les résultats.

Plusieurs Constitutions ont été données au peuple Français ; les circonstances les ont plutôt fait naître que la méditation. Ce sont des lois convenables au peuple qu'il faut faire ; on doit donc moins voir ce qui pourrait être dans l'intérêt personnel du Gouvernement, que ce qui doit plus sûrement garantir le bonheur des gouvernés.

TEXTE.	OBSERVATIONS.
NAPOLÉON, par la grâce de Dieu et les Constitutions, EMPEREUR DES FRANÇAIS, à tous présens et à venir, salut. Depuis que nous avons été appelé, il y a quinze années, par le vœu de la France, au gouvernement de l'Etat, nous avons cherché à perfectionner, à diverses époques, les formes constitutionnelles, suivant les besoins et les désirs de la nation, et en profitant des leçons de l'expérience. Les Constitutions de l'Empire se sont ainsi formées d'une série d'actes qui ont été revêtus de l'acceptation du peuple. Nous avions alors pour but d'organiser un grand système	

fédératif européen, que nous avions adopté comme conforme à l'esprit du siècle, et favorable aux progrès de la civilisation. Pour parvenir à le compléter et à lui donner toute l'étendue et toute la stabilité dont il était susceptible, nous avions ajourné l'établissement de plusieurs institutions intérieures, plus spécialement destinées à protéger la liberté des citoyens. Notre but n'est plus désormais que d'accroître la prospérité de la France, par l'affermissement de la liberté publique. De là résulte la nécessité de plusieurs modifications importantes dans les constitutions, sénatus-consultes et autres actes qui régissent cet Empire.

A CES CAUSES,

Voulant, d'un côté, conserver du passé ce qu'il y a de bon et de salutaire, et, de l'autre, rendre les Constitutions de notre Empire conformes en tout aux vœux et aux besoins nationaux, ainsi qu'à l'état de paix que nous désirons maintenir avec l'Europe, nous avons résolu de proposer au peuple une suite de dispositions tendant à modifier et perfectionner ses actes constitutionnels, à entourer les droits des citoyens de toutes leurs garanties, à donner au système représentatif toute son extension, à investir les corps intermédiaires de la considération et du pouvoir désirables; en un mot, à combiner le plus haut point de liberté politique et de sûreté individuelle avec la force et la centralisation nécessaires pour faire respecter par l'étranger l'indépendance du peuple français, et la dignité de notre couronne. En conséquence, les articles suivans, formant un acte supplémentaire aux Constitutions de l'Empire, seront soumis à l'acceptation libre et solennelle de tous les citoyens, dans toute l'étendue de la France.

TITRE PREMIER.

DISPOSITIONS GÉNÉRALES.

ARTICLE PREMIER.

Les Constitutions de l'Empire, nommément l'Acte constitutionnel du 28 frimaire an 8, les sénatus-consultes des 14 et 16 thermidor an 11, et celui du 28 floréal an 12, seront modifiés par les dispositions qui suivent. Toutes leurs autres dispositions sont confirmées et maintenues.

2. Le pouvoir législatif est exercé par l'Empereur et par deux chambres.

En principe, le prince est la volonté *exécutante* dans l'État, et cette volonté est nécessairement dépendante de la volonté *ordonnante* (ou pouvoir législatif), et sans laquelle l'exécution des lois ne pourrait avoir lieu. Le prince est ici tout à la fois exécuteur des lois comme gouvernement, et coopérateur nécessaire de ces mêmes lois comme législateur.

3. La première chambre, nommée *Chambre des pairs*, est héréditaire.

La pairie héréditaire sape les bases de l'égalité ; c'est une véritable noblesse qui se trouve aujourd'hui formellement détruite. Elle s'étend plus loin ; par la transmissibilité des pères aux enfans, le système représentatif n'a plus de base, et le principe le plus encourageant, celui de l'émulation chez un peuple libre, est renversé par l'exclusion du plus beau titre réservé au mérite et au talent, celui d'être nommé pair, comme récompense de longs services.

4. L'Empereur en nomme les membres, qui sont irrévocables, eux et leurs descendans mâles, d'aîné en aîné en ligne directe. Le nombre des pairs est illimité. L'adoption ne transmet point la dignité de pair à celui qui en est l'objet.

Les pairs prennent séance à vingt-un ans, mais n'ont voix délibérative qu'à vingt-cinq.

On adopte l'irrévocabilité, mais cette mesure ne saurait être bonne en elle-même qu'autant que ce corps serait indépendant : où trouve-t-on ici cette indépendance, lorsque les princes font une partie importante de ce corps national, lorsque surtout l'Empereur, qui les nomme lui seul, peut faire des nominations illimitées ?

5. La chambre des pairs est présidée par l'archi-chancelier de l'empire, ou, dans le cas prévu par l'article 51 du sénatus-consulte du 28 floréal an 12, par un des membres de cette chambre désigné spécialement par l'Empereur.

Faire présider la chambre des pairs par l'archi-chancelier de l'Empire, c'est nécessairement faire influencer les délibérations par celui qui la préside. C'est justement parce que le président d'une assemblée a toujours une grande prépondérance sur les décisions de cette assemblée, que l'Empereur ne devrait même pas avoir le droit de désigner le membre de la chambre des pairs pour la présider, comme le veut la suite de cet article.

6. Les membres de la famille impériale, dans l'ordre de l'hérédité, sont pairs de droit. Ils siégent après le président. Ils prennent séance à dix-

L'observation sur l'article 4 répond à celui-ci.

huit ans, mais n'ont voix délibérative qu'à vingt-un.

7. La seconde chambre, nommée *Chambre des Représentans*, est élue par le peuple.

8. Les membres de cette chambre sont au nombre de six cent vingt-neuf. Ils doivent être âgés de vingt-cinq ans au moins.

Est-il bien rassurant de voir un jeune homme de vingt-cinq ans prononcer sur les hautes destinées d'une nation ?

9. Le président de la chambre des représentans est nommé par la chambre, à l'ouverture de la première session. Il reste en fonctions jusqu'au renouvellement de la chambre. Sa nomination est soumise à l'approbation de l'Empereur.

La nomination directe du président par la chambre est une amélioration aux anciennes Constitutions de l'Empire ; mais pourquoi cette nomination doit-elle être soumise à l'approbation de l'Empereur ? C'est tout à la fois consacrer un principe et le détruire. Cette chambre étant entièrement nationale, ses actes doivent porter le cachet de la plus grande indépendance.

10. La chambre des représentans vérifie les pouvoirs de ses membres, et prononce sur la validité des élections contestées.

Cet article est conforme aux principes et à l'indépendance d'un corps législatif.

11. Les membres de la chambre des représentans reçoivent pour frais de voyage, et durant la session, l'indemnité décrétée par l'assemblée constituante.

Cet article, purement réglementaire, ne saurait être attaqué.

12. Ils sont indéfiniment rééligibles.

Sans doute, la nomination à la chambre des représentans est une marque de confiance de ses concitoyens ; mais quels que soient les titres qui puissent y faire nommer, la loi, plus sage que l'homme, doit prévoir l'abus même que l'on peut faire de cette confiance. Si donc la réégibilité est une preuve de confiance individuelle, il faut aussi à la société une garantie dans le cas où cette confiance pourrait compromettre son salut. D'ailleurs la réégibilité indéfinie pourrait faire regarder la mission de représentant comme un emploi, tandis qu'elle n'est en principe qu'un mandat temporaire.

13. La chambre des représentans est renouvelée de droit en entier tous les cinq ans.

Les premières Constitutions de l'Empire avaient ordonné que le corps législatif se renouvellerait tous les ans par cinquième. Il en résultait que le corps législatif conservait toujours un esprit qui lui était personnel, et que les députés rentrans prenaient nécessairement cet esprit. C'est cette perpétuité du même esprit dans un corps, qui en fait la force morale. Une vacance forcée après deux élections devient donc nécessaire, elle est même un aiguillon pour l'homme de bien qui aspire aussi à la gloire de servir son pays.

14. Aucun membre de l'une ou de l'autre chambre ne peut être arrêté, sauf le cas de flagrant délit, ni poursuivi en matière criminelle ou correctionnelle pendant les sessions, qu'en vertu d'une résolution de la chambre dont il fait partie.

Cet article est une garantie sage du respect dû au caractère de représentant.

15. Aucun ne peut être arrêté ni détenu pour dettes, à partir de la convocation, ni quarante jours après la session.

Conséquence juste de l'article précédent.

16. Les pairs sont jugés par leur chambre, en matière criminelle ou correctionnelle, dans les formes qui seront réglées par la loi.

Ne pouvant préjuger les formes que la loi réglera, nous passons cet article sous silence.

17. La qualité de pair et de représentant est compatible avec toutes les fonctions publiques, hors celles de comptables.
Toutefois les préfets et sous-préfets ne sont pas éligibles par le collége électoral du département ou de l'arrondissement qu'ils administrent.

Dire qu'un pair ou un représentant pourra être appelé à des fonctions publiques, n'est-ce pas saper par le fondement l'indépendance des corps auxquels ils appartiennent? n'est-ce point mettre les membres de ces corps dans les mains du prince? n'est-ce point enfin détruire les idées propres attachées à de tels corps et à des emplois publics? Le dernier paragraphe de cet article est excellent. On aurait désiré néanmoins que l'article eut déterminé l'âge requis pour être administrateur. La confiance est le premier sentiment que l'administrateur doit inspirer.

18. L'Empereur envoie dans les chambres des ministres d'état et des conseillers d'état, qui y siègent et prennent part aux discussions, mais qui n'ont voix délibérative que dans le cas où ils sont membres de la chambre comme pairs ou élus du peuple.

Le prince ne saurait sans doute avoir de communication avec les chambres que par le moyen de ses agens; mais que ces agens puissent en être membres, c'est détruire même la nature des choses et des rapports. Et effet, ici s'applique l'observation que nous avons faite sur l'article 17.

19. Les ministres qui sont membres de la chambre des pairs ou de celle des représentans, ou qui siègent par mission du gouvernement,

Cet article n'offrirait rien de vicieux (quant aux éclaircissemens demandés aux ministres), s'il n'était que trop avéré qu'on élu-

donnent aux chambres les éclaircissemens qui sont jugés nécessaires, quand leur publicité ne compromet pas l'intérêt de l'état.

20. Les séances des deux chambres sont publiques. Elles peuvent néanmoins se former en comité secret, la chambre des pairs sur la demande de dix membres, celle des représentans sur la demande de vingt-cinq. Le gouvernement peut également requérir des comités secrets pour des communications à faire. Dans tous les cas les délibérations et les votes ne peuvent avoir lieu qu'en séance publique.

21. L'Empereur peut proroger, ajourner et dissoudre la chambre des représentans. La proclamation qui prononce la dissolution convoque les colléges électoraux pour une élection nouvelle, et indique la réunion des représentans dans six mois au plus tard.

22. Durant l'intervalle des sessions de la chambre des représentans, ou en cas de dissolution de cette chambre, la chambre des pairs ne peut s'assembler.

23. Le gouvernement a la proposition de la loi; les chambres peuvent proposer des amendemens : si ces amendemens ne sont pas adoptés par le gouvernement, les chambres sont tenues de voter sur la loi, telle qu'elle a été proposée.

dera toujours quand on le voudra la publicité des éclaircissemens demandés. Nous n'en avons que trop d'exemples en Angleterre, où les documens ne sont donnés que quand et de la manière qu'il plaît au gouvernement.

Cet article est conforme aux principes.

Que le prince ait le droit de proroger, d'ajourner même la chambre des représentans, l'intérêt de l'Etat peut légitimer un tel droit; mais qu'il ait celui de la dissoudre, n'est-ce point mettre le prince au-dessus de la nation, du moment qu'il peut renvoyer ses représentans quand bon lui semblerait? L'obligation que cet article lui impose de convoquer alors de suite une nouvelle élection, ne saurait jamais légitimer un droit aussi étendu. Résultera-t-il de cette mesure ce qui arrive presque toujours en Angleterre ? La nation mortifiée réélit les mêmes hommes, qui rentrent dans l'arène, entourés d'une plus grande force de confiance, et munis d'un sentiment d'opposition qui peut alors devenir dangereux.

Cet article est une conséquence nécessaire de l'organisation collective du pouvoir législatif.

On ne saurait refuser au gouvernement le droit de proposer des lois, parce qu'ayant leur exécution et la gestion des affaires publiques, il est beaucoup de cas où lui seul peu connaître de l'ensemble et de l'étendue de besoins de l'Etat ; mais qu'il ait seul l'ini

24. Les chambres ont la faculté d'inviter le gouvernement à proposer une loi sur un objet déterminé, et de rédiger ce qu'il leur paraît convenable d'insérer dans la loi. Cette demande peut être faite par chacune des deux chambres.

25. Lorsqu'une rédaction est adoptée dans l'une des deux chambres, elle est portée à l'autre; et si elle y est approuvée, elle est portée à l'Empereur.

26. Aucun discours écrit, excepté les rapports des commissions, les rapports des ministres sur les lois qui sont présentées et les comptes qui sont rendus, ne peut être lu dans l'une ou l'autre chambre.

tiative des lois, c'est laisser en son pouvoir toute la législation. Sans doute, il importe d'écarter ces propositions intempestives, ces élans de l'enthousiasme, ces intérêts personnels de localités, ces mesures opportunes dont la proposition seule pourrait jeter l'alarme dans les familles, ou atténuer le crédit public. Mais ne faire des deux chambres que des enregistreurs des lois, c'est les rendre les agens passifs de la volonté du prince. Outre la proposition indéfinie de la loi dans la main du gouvernement, ne devient-il pas le législateur absolu par l'obligation où sont les deux chambres d'adopter cette même proposition, lorsque des amendemens soumis par elles seront rejetés ? L'indépendance de leur volonté veut et exige qu'elles puissent rejeter la loi, comme l'Empereur peut rejeter les amendemens ; sans cela les chambres perdent leur pouvoir.

La faculté accordée ici aux chambres est réellement illusoire, puisque le Prince pourra ne pas donner suite à l'invitation qui lui sera faite de proposer une loi pour un objet déterminé. Ces articles sont donc sans but, puisqu'ils ne déterminent aucun résultat : leur rédaction est incomplète.

Si interdire dans l'une ou l'autre chambre la lecture d'un discours écrit, a l'avantage d'empêcher les effets sur une assemblée d'un discours préparé, il a l'inconvénient grave d'attenter à la liberté des opinions, et celui plus grave encore de priver une assemblée des lumières d'un homme penseur et profond qui sait méditer dans le silence, mais qui n'aurait pas la facilité de la parole.

Il faut convenir cependant qu'il est porté quelquefois à la tribune des discours qui ne sont point la pensée de celui qui les médite, de manière que c'est vraiment un étranger qui se trouve législateur ; mais cet inconvé-

TITRE II.

Des colléges électoraux et du mode d'élection.

27. Les colléges électoraux de département et d'arrondissement sont maintenus, conformément au sénatus-consulte du 16 themidor an 10, sauf les modifications qui suivent.

28. Les assemblées de canton rempliront chaque année, par des élections annuelles, toutes les vacances dans les colléges électoraux.

29. A dater de l'an 1816, un membre de la chambre des pairs, désigné par l'Empereur, sera président à vie et inamovible de chaque collége électoral de département.

30. A dater de la même époque, le collége électoral de chaque département nommera, parmi les membres de chaque collége d'arrondissement, le président et deux vice-présidens. A cet effet, l'assemblée du collége de département précédera de quinze jours celle du collége d'arrondissement.

31. Les colléges de département et d'arrondissement nommeront le nombre de représentans établi pour chacun par l'acte et le tableau n° 1.

32. Les représentans peuvent être choisis indifféremment dans toute l'étendue de la France.

Chaque collége de département ou d'arrondissement qui choisira un représentant hors du département ou de l'arrondissement, nommera un suppléant qui sera pris nécessairement dans le département ou l'arrondissement.

nient l'emporte-t-il sur le premier ? On a peine à le penser.

Ces articles se rapportant aux lois antérieures, nous n'en dirons rien.

Le principe que nous avons précédemment énoncé sur la présidence aux deux chambres, est ici d'une application bien plus rigoureuse encore, car il s'agit des assemblées mêmes du peuple. Dans le premier cas, nous avons signalé l'influence d'un président sur une assemblée délibérante; mais qui ne sent, dans ce second cas, tout ce que cette influence a nécessairement d'attentatoire aux franchises nationales? Tout dépend du choix des colléges électoraux

On est étonné que cet article, où est respecté en partie le principe de l'indépendance des assemblées, suive immédiatement l'article précédent, où cette indépendance est violée.

Articles purement réglementaires et bons en eux-mêmes.

33. L'industrie et la propriété manufacturière et commerciale auront une représentation spéciale.

L'élection des représentans commerciaux et manufacturiers sera faite par le collège électoral de département sur une liste d'éligibles dressée par les chambres de commerce et les chambres consultatives réunies, suivant l'acte et le tableau n⁰ 2.

TITRE III.

De la loi de l'impôt

34. L'impôt général direct, soit foncier, soit mobilier, n'est voté que pour un an; les impôts indirects peuvent être votés pour plusieurs années. Dans le cas de la dissolution de la chambre des représentans, les impositions votées dans la session précédente sont continuées jusqu'à la nouvelle réunion de la chambre.

35. Aucun impôt direct ou indirect en argent ou en nature ne peut être perçu, aucun emprunt ne peut avoir lieu, aucune inscription de créance au grand-livre de la dette publique ne peut être faite, aucun domaine ne peut être aliéné ni échangé, aucune levée d'hommes pour l'armée ne peut être ordonnée, aucune portion du territoire ne peut être échangée, qu'en vertu d'une loi.

36. Toute proposition d'impôt, d'emprunt ou de levée d'hommes, ne peut être faite qu'à la chambre des représentans.

37. C'est aussi à la chambre des représentans qu'est porté d'abord, 1° le budget général de l'État, contenant l'aperçu des recettes et la proposition

Dans un grand État comme la France, où l'industrie manufacturière est une des causes principales de sa richesse, il est sage sans doute d'entourer d'une grande considération cette industrie; mais la France ayant l'avantage immense que ses habitans soient adonnés non seulement à l'industrie, mais encore à l'agriculture, aux sciences et aux arts, pourquoi avoir fait d'une partie de ses habitans une classe privilégiée, lorsque toutes les classes de citoyens se recommandent également à la gratitude nationale? Ces lignes de démarcation sont toujours un mal dans un État où tous les citoyens ont le sentiment de leurs droits, et où toutes les professions sont honorables aux yeux de la société tout entière.

Cet article en voulant que l'impôt direct ne soit voté que pour un an, a établi une grande garantie de la fortune particulière; mais en ordonnant que les impôts indirects peuvent être votés pour plusieurs années, cette disposition ne saurait être sage qu'autant que le nombre des années serait déterminé. N'est-ce point laisser dans l'incertitude une partie importante de la fortune publique, et perpétuer à la volonté du gouvernement des moyens de ressource que les besoins de l'État pourraient ne pas réclamer?

Nous nous plaisons à reconnaître la sollicitude du législateur dans la rédaction de ces six articles.

des fonds assignés pour l'année à chaque département du ministère ; 2°. le compte des recettes et dépenses de l'année ou des années précédentes.

TITRE IV.

Des ministres, et de la responsabilité.

38. Tous les actes du gouvernement doivent être contre-signés par un ministre ayant département.

39. Les ministres sont responsables des actes du gouvernement signés par eux, ainsi que de l'exécution des lois.

40. Ils peuvent être accusés par la chambre des représentans, et sont jugés par celle des pairs.

41. Tout ministre, tout commandant d'armée de terre ou de mer peut être accusé par la chambre des représentans, et jugé par la chambre des pairs, pour avoir compromis la sûreté ou l'honneur de la nation.

On est fâché de voir le vague et l'incertitude qui règnent dans cet article, puisque ce qui est nommé la *sûreté* ou l'*honneur de la nation*, n'est point défini ; il importait cependant d'autant plus de le faire, qu'ils doivent servir de motif d'accusation contre des agens du prince, agens qui ont toujours tant de moyens de se soustraire à la responsabilité.

42. La chambre des pairs, en ce cas, exerce, soit pour caractériser le délit, soit pour infliger la peine, un pouvoir discrétionnaire.

Nous ne blâmerons dans cet article que le pouvoir *discrétionnaire* attribué à la chambre des pairs.

43. Avant de prononcer la mise en accusation d'un ministre, la chambre des représentans doit déclarer qu'il y a lieu à examiner la proposition d'accusation.

Cet article ne dit point, chose cependant très-importante, par qui sera faite la dénonciation contre un ministre.

44. Cette déclaration ne peut se faire qu'après le rapport d'une commission de soixante membres tirés au sort. Cette commission ne fait son rapport que dix jours au plus tôt après sa nomination.

En conférant cet article avec le précédent, on ne voit point ce qui pourrait justifier une commission d'un nombre de soixante membres, puisque toute commission n'est qu'un comité chargé d'élaborer, de préparer les renseignemens sur lesquels l'assemblée doit

45. Quand la chambre a déclaré qu'il y a lieu à examen, elle peut appeler le ministre dans son sein pour lui demander des explications. Cet appel ne peut avoir lieu que dix jours après le rapport de la commission.

46. Dans tout autre cas, les ministres ayant département ne peuvent être appelés ni mandés par les chambres.

47. Lorsque la chambre des représentans a déclaré qu'il y a lieu à examen contre un ministre, il est formé une nouvelle commission de soixante membres tirés au sort, comme la première, et il est fait, par cette commission, un nouveau rapport sur la mise en accusation. Cette commission ne fait son rapport que dix jours après sa nomination.

prononcer. Ce nombre de soixante membres, loin d'être une garantie de la sûreté publique, pourrait donc paraître plutôt un moyen évasif pour le ministre accusé, surtout lorsque la dernière disposition de cet article porte qu'elle ne fait son rapport que dix jours au plus tôt après sa nomination.

Rien de plus juste que le ministre inculpé puisse être appelé pour donner des explications; mais pourquoi cet appel ne peut-il avoir lieu que dix jours après le rapport de la commission? Ne sait-on pas que dans toute procédure criminelle on ne peut toujours fixer des délais, parce que l'on ne saurait limiter le temps d'éclairer la conscience de ceux qui doivent prononcer; et que dans les affaires de ce genre tout dépend de la nature même de l'affaire.

Nous aimons à voir que les ministres, hors les actes attentatoires qu'ils pourraient faire dans leur ministère, rentrent dans la classe des citoyens, et sont justiciables des tribunaux ordinaires.

Par quel principe pourrait-on justifier cet article? Pourquoi si une première commission a déjà fait un rapport sur l'accusation, une nouvelle commission doit-elle faire un nouveau rapport sur le même objet? Ne sait-on pas qu'en matière criminelle plus le temps de la mise en accusation s'éloigne du délit commis ou présumé, plus les traces de ce délit s'effacent, plus il est facile de les faire disparaître, plus tout ce qui peut porter la conviction se perd; plus enfin il est difficile de rassembler ces renseignemens épars qui forment la présomption légale. Les membres de cette seconde commission seront-ils étrangers à la première? ceux-ci peuvent-ils en faire partie? L'article ne le

48. La mise en accusation ne peut être prononcée que dix jours après la lecture et la distribution du rapport.

49. L'accusation étant prononcée, la chambre des représentans nomme cinq commissaires pris dans son sein, pour poursuivre l'accusation devant la chambre des pairs.

50. L'article 75 du titre VIII de l'Acte constitutionnel du 22 frimaire an 8, portant que les agens du gouvernement ne peuvent être poursuivis qu'en vertu d'une décision du conseil d'état, sera modifié par une loi.

TITRE V.

Du pouvoir judiciaire.

51. L'Empereur nomme tous les juges. Ils sont inamovibles et à vie, dès l'instant de leur nomination, sauf la nomination des juges de paix et des juges de commerce, qui aura lieu comme par le passé.

Les juges actuels nommés par l'Empereur aux termes du sénatus-consulte du 12 octobre 1807, et qu'il jugera convenable de conserver, recevront des provisions à vie avant le premier janvier prochain.

52. L'institution des jurés est maintenue.

53. Les débats en matière criminelle sont publics.

54. Les délits militaires seuls sont du ressort des tribunaux militaires.

55. Tous les autres délits, même commis par les militaires, sont de la compétence des tribunaux civils.

56. Tous les crimes et délits qui étaient attribués à la haute-cour impériale, et dont le jugement n'est pas réservé par le présent acte à la chambre des pairs, seront portés devant les tribunaux ordinaires.

dit point, et cependant on sent l'inconvénient de cette double faculté, car cette commission portera nécessairement avec elle la prévention que lui a imprimée son premier examen.

Nous ne ferons point aux dix jours voulus par cet article le même reproche qu'à l'article 44.

Il était de droit que l'accusation étant prononcée par la chambre des représentans, cette chambre poursuivît l'accusation pardevant la chambre des pairs.

Ces articles sont un rappel formel de dispositions déjà émises dans les précédentes Constitutions, et conformes aux principes.

57. L'Empereur a le droit de faire grâce, même en matière correctionnelle, et d'accorder des indemnités.

58. Des interprétations des lois, demandées pas la cour de cassation, seront données dans la forme d'une loi.

TITRE VI.

Droits des Citoyens.

59. Les Français sont égaux devant la loi, soit pour la contribution aux impôts et charges publiques, soit pour l'admission aux emplois civils et militaires.

60. Nul ne peut, sous aucun prétexte, être distrait des juges qui lui sont assignés par la loi.

61. Nul ne peut être poursuivi, arrêté, détenu ni exilé que dans les cas prévus par la loi et suivant les formes prescrites.

62. La liberté des cultes est garantie à tous.

63. Toutes les propriétés possédées ou acquises en vertu des lois, et toutes les créances sur l'Etat, sont inviolables.

64. Tout citoyen a le droit d'imprimer et de publier ses pensées, en les signant, sans aucune censure préalable, sauf la responsabilité légale, après la publication, par jugement par jurés, quand même il n'y aurait lieu qu'à l'application d'une peine correctionnelle.

65. Le droit de pétition est assuré à tous les citoyens. Toute pétition est individuelle. Ces pétitions peuvent être adressées, soit au Gouvernement, soit aux deux Chambres : néanmoins, ces dernières mêmes doivent porter l'intitulé : A S. M. *L'Empereur*. Elles seront présentées aux chambres sous la garantie d'un membre qui recommande la pétition. Elles sont lues publiquement, et si la chambre les prend en considération, elles sont portées à l'Empereur par le président.

On eut dû rédiger cet article ainsi : La nation confère au prince le droit de faire grâce.

C'est à la loi seule en effet à remédier aux vices ou aux lacunes des lois.

Tous ces articles, précédemment garantis par les lois, sont des énonciations formelles des libertés nationales.

Que le droit de pétition soit individuel, c'est une garantie contre les coalitions, les agitateurs, en un mot contre ces hommes audacieux ou turbulens qui font parler une minorité au préjudice de la volonté publique; mais que les pétitions présentées aux deux chambres doivent porter l'intitulé : *A l'Empereur ;* qu'elles soient présentées aux chambres sous la garantie d'un membre, c'est réellement détruire le droit de pétition accordé par cet article. Un homme qui a à se plaindre ne pourrait donc obtenir justice,

66. Aucune place, aucune partie du territoire ne peut être déclarée en état de siége que dans le cas d'invasion de la part d'une force étrangère ou de troubles civils.

Dans le premier cas, la déclaration est faite par un acte du gouvernement.

Dans le second cas, elle ne peut l'être que par la loi. Toutefois, si le cas arrivait, les chambres ne sont pas assemblées, l'acte du gouvernement déclarant l'état de siége doit être converti en une proposition de loi, dans les quinze premiers jours de la réunion des chambres.

67 *et dernier.* Le peuple français déclare en outre que, dans la délégation qu'il a fait et qu'il fait de ses pouvoirs, il n'a pas entendu et n'entend pas donner le droit de proposer le rétablissement des Bourbons ou d'aucun prince de cette famille sur le trône, même en cas d'extinction de la dynastie impériale, ni le droit de rétablir, soit l'ancienne noblesse féodale, soit les droits féodaux et seigneuriaux, soit les dîmes, soit aucun culte privilégié et dominant, ni la faculté de porter aucune atteinte à l'irrévocabilité de la vente des domaines nationaux; il interdit formellement au gouvernement, aux chambres et aux citoyens toute proposition à cet égard.

Donné à Paris, le 22 avril 1815.

parce qu'un législateur lui refuserait sa signature, ce qui arrivera presque toujours.

Il est évident que dans le troisième paragraphe de cet article on a fait disparaître la faculté qu'avait anciennement le prince de mettre des départemens hors de la Constitution, et nous applaudissons à cette disposition qui respecte les libertés de la nation.

FIN.

DE L'IMPRIMERIE DE J.-B. IMBERT.

www.ingramcontent.com/pod-product-compliance
Lightning Source LLC
Chambersburg PA
CBHW070536050426
42451CB00013B/3041